Jörg Buchna

Dein sind Wogen und Wind

Bildmeditationen

Frau Uhag zur Erinnerung
an die Ferienzeit in Cuxhaven-Sahlenburg
vom 6.–27. Juli 1988
mit den besten Wünschen für die Zukunft!
Annemarie Klemich
Heidhörn 21.

Verlag Soltau-Kurier-Norden

Agentur des Rauhen Hauses, Hamburg

Zum Autor:
Jörg Buchna, geboren 1945 in Wittenberge/Elbe
Studium der Theologie in Göttingen und Heidelberg
Vikariat in Hannover und in der Deutschen Evangelischen Gemeinde in Madrid
1972 Pastor coll. in Norden/Ostfriesland / 1973 Pastor in Jesteburg
Seit 1976 zugleich Pressesprecher des Kirchenkreises Hittfeld
Seit 1982 Autor von Rundfunkandachten

Veröffentlichungen:
1980: „Kanzelschwalben fliegen nicht nur sonntags,
Heitere Geschichten um Talar und Altar", Gütersloh, 2. Auflage 1983
1982: „Glaubenszwiebeln tränen nicht, Heitere Geschichten um Talar und Altar", Gütersloh
1982: „Dich rufen wir an, Gebete für den Gottesdienst", Gütersloh
1982: „Kasualgebete für Taufe, Konfirmation, Trauung, Beerdigung", Gütersloh, 2. Auflage 1984
1983: „Auch Kirchenmäuse schmausen manchmal,
Heitere Geschichten um Talar und Altar", Gütersloh

1. Auflage 1985: 33 000

Koproduktion mit Agentur des Rauhen Hauses, Hamburg

Gesamtherstellung: Soltau-Kurier, Stellmacherstraße 14, 2980 Norden, Printed in Germany
ISBN 3-922365-49-3 (Soltau-Kurier)
ISBN 3 7600 0397-4 (Agentur des Rauhen Hauses; Best.-Nr. 1 1531-9)

Meinen Bogen habe ich in die Wolken gesetzt; der soll das Zeichen sein des Bundes zwischen mir und der Erde. 1. Mose 9, 13

Wogen und Wind, Strand und Dünen, Schiffe und Häfen, Muscheln und Möwen, Inseln und Leuchttürme, Weite und Licht –
das prägt die Landschaft an der See. Diese „Welt" am und im Meer weist zugleich aber über sich selbst hinaus.
Sie ist ein Spiegel des Lebens: der Unendlichkeit und Begrenztheit,
des Strandens und Landens, des Fernwehs und Heimwehs,
des Getragen-Werdens durch das Wasser und des Versinkens.

Und schließlich deutet das Wasser als lebenspendendes Element auch auf jenen hin, der sich selbst als „Wasser des Lebens" bezeichnet hat und in dessen Namen wir mit Wasser getauft wurden.

Wasser als Spiegel und Symbol des Lebens, aber auch der herrlichen Schöpfung Gottes, an der sich der Mensch freuen darf
und für die er als Geschöpf Gottes Verantwortung trägt –
beides wollen die Texte und Bilder dieses Buches widerspiegeln.

Jörg Buchna

Der Herr ist mein Hirte, mir wird nichts mangeln. Er weidet mich auf einer grünen Aue und führet mich zum frischen Wasser. Er erquickt meine Seele. **Psalm 23, 1–3**

Du, Herr,
führst mich
durch die Nacht in den Morgen;
du, Herr,
führst mich
durch das Tal in das Licht;
du, Herr,
führst mich durch die Wüsten des Lebens
an das frische Wasser,
das mich deine Güte und Freundlichkeit
schmecken läßt.

Herr, wie sind deine Werke so groß und viel! Du hast sie alle weise geordnet, und die Erde ist voll deiner Güter. Psalm 104, 24

Manch Geschenk
unseres Lebens
bleibt uns verborgen;
zu klein, zu unscheinbar ist es,
als daß es sich uns aufdrängte.

Ach, Herr, schenke uns
Augen für die kleinen Wunder unseres Lebens,
damit wir in ihnen
das Werk deiner Hände sehen –
und dich preisen.

Gott ist die Liebe; und wer in der Liebe bleibt, der bleibt in Gott und Gott in ihm. 1. Johannesbrief 4, 16

Deine Liebe, Herr,
trägt mich;
deine Liebe
gibt meinem Leben seine Kraft;
deine Liebe
gibt meinem Leben den Mut,
mich aus Tiefen
wieder zu erheben
in dein Licht,
das kein Dunkel kennt.

Jesus sprach zu ihnen: Werft das Netz aus zur Rechten des Bootes, so werdet ihr finden. Da warfen sie es aus und konnten's nicht mehr ziehen wegen der Menge der Fische. Johannes 21, 6

Tag für Tag
werfen wir unsere Netze aus,
doch nicht selten bleiben unsere Netze leer.
Verzagt sind wir,
wenn keine Erfüllung des Lebens sich zeigt,
wenn nur Unrat
statt Glück unser Leben erfüllt.
Aber auf dein Wort, Herr,
wollen wir immer wieder hinausfahren
auf das Meer des Lebens;
auf dein Wort, Herr,
wollen wir auch in den Nächten,
in den Dunkelheiten unseres Lebens,
darauf vertrauen,
daß du unsere Hände füllen willst
mit deinen guten Gaben.

GRE 1

Darum sorgt nicht für morgen, denn der morgige Tag wird für das Seine sorgen. Es ist genug, daß jeder Tag seine eigene Plage hat.

Matthäus 6, 34

Wir meinen,
wir allein
müßten für uns sorgen.

Wir meinen,
wir allein
könnten für uns sorgen.

Du, unser Vater,
sagst uns:
Sorget nicht!

Ich weiß wohl, was ich für Gedanken über euch habe, spricht der Herr: Gedanken des Friedens und nicht des Leides, daß ich euch gebe Zukunft und Hoffnung. **Jeremia 29, 11**

Dem Hoffnungslosen
schenkst du Hoffnung;
dem Heimatlosen
schenkst du eine Heimat;
dem Irrenden
weist du den Weg.

Du, unser Vater, gibst unserem Leben ein Zuhause.

Wohne mit deinem Frieden
in unseren Häusern,
damit unser unruhiges Herz
Ruhe findet in dir.

Solange die Erde steht, soll nicht aufhören Saat und Ernte, Frost und Hitze, Sommer und Winter, Tag und Nacht. 1. Mose 8, 22

Nicht allein
unserer Hände Arbeit
verdanken wir es,
wenn unser Mühen
nicht
vergebens war.

Deine Hand, Herr,
die du
segnend
über uns ausbreitest –
sie läßt
wachsen und gedeihen,
der Saat die Ernte folgen.

Du sollst den Herrn, deinen Gott, lieben von ganzem Herzen, von ganzer Seele, von allen Kräften und von ganzem Gemüt und deinen Nächsten wie dich selbst. **Lukas 10, 27**

Öffne mein Herz
auf dich hin, Herr,
damit es nicht verkümmert
in der Enge meiner Eigenliebe,
sondern die Weite gewinnt,
in der deine Liebe
auch durch mich
in dieser Welt
wachsen und erblühen kann.

Sei mir ein starker Hort, zu dem ich immer fliehen kann, der du zugesagt hast, mir zu helfen; denn du bist mein Fels und meine Burg.

Psalm 71, 3

Umgetrieben
von meinen Sorgen,
meinen Ängsten,
nehme ich meine Zuflucht
zu dir, Herr;
denn du bist eine feste Burg,
in der ich mich bergen kann.

Siehe, ich bin bei euch alle Tage bis an der Welt Ende.

Matthäus 28, 20

Segel und Steuer
hast du uns, Herr,
in die Hand gegeben,
damit wir den Stürmen des Lebens
nicht hilflos ausgeliefert sind.

Doch was wäre
all unsere Steuermannskunst
ohne deinen Segen,
der unserem Tun
die Gnade des Gelingens schenkt.

Wer aber von dem Wasser trinken wird, das ich ihm gebe, den wird in Ewigkeit nicht dürsten. **Johannes 4, 14**

Ohne Wasser
verdorrt unser Leben,
stirbt ab
alles Lebendige.

Ohne dein Wort, Herr,
trocknet unser Leben aus,
denn du bist
das Wasser des Lebens.

Dich laß uns suchen, Herr,
dich laß uns finden,
damit wir den Hunger,
den Durst unseres Lebens
stillen können
durch dich.

Heile du mich, Herr, so werde ich heil; hilf du mir, so ist mir geholfen.
Jeremia 17, 14

Manch Netz,
das wir auswarfen,
um großen Fang an Land zu ziehen,
zerriß.
Manch Vorhaben,
das wir in Angriff nahmen,
blieb Stückwerk.

Daß du, Herr, unser Leben
heil machst,
daß du unsere enttäuschten Hoffnungen
nach deinem Willen
zu einem guten Ende führst,
darauf hoffen wir,
darauf vertrauen wir,
denn du, unser Gott,
bist unser Heil.

Lobe den Herrn, meine Seele! Herr, mein Gott, du bist sehr herrlich, du bist schön und prächtig geschmückt. **Psalm 104, 1**

Dich, Herr, will ich loben,
dich, Herr, will ich preisen,
dir, Herr, will ich danken,
daß du
mich schauen läßt
die Herrlichkeit deiner Schöpfung.

Dich, Herr, will ich loben,
dich, Herr, will ich preisen,
dir, Herr, will ich danken,
daß du
mich nicht vergißt
an den Ufern des Lebens.

Dich, Herr, will ich loben,
dich, Herr, will ich preisen,
dir, Herr, will ich danken,
daß du
mich trägst
über alle Untiefen des Lebens.

Danket dem Herrn; denn er ist freundlich, und seine Güte währet ewiglich. Psalm 106, 1

Der wärmende Sand,
der kühlende Wind,
das leuchtende Meer –
du meinst es gut
mit mir, Herr.

Dein Wort ist meines Fußes Leuchte und ein Licht auf meinem Wege.
Psalm 119, 105

So viele Worte
dringen auf mich ein,
Stunde um Stunde,
Tag um Tag.

Welchen soll ich folgen,
welchen mich verweigern?

Um deinen guten Geist
will ich dich, Herr, bitten,
daß er mich leite
durch die Flut der Worte
zu deiner Wahrheit.

Von allen Seiten umgibst du mich und hältst deine Hand über mir.
Psalm 139, 5

Geworfen
in das Meer des Lebens,
umbrandet
von Sorgen und Nöten,
von Hoffnungen und Wünschen,
weiß ich doch,
daß du, Herr,
mit Augen der Liebe
auf mich blickst.

Tut Buße! **Markus 1, 15**

Entstellt
haben wir
das Werk deiner Hände, Herr,
durch
das Werk unserer Hände.

Entstellt
haben wir
das Antlitz deiner Schöpfung
durch Wunden,
die wir
ihr
schlugen.

Wende unsere Herzen
zu dir, Herr,
damit wir Opfer
für deine Schöpfung bringen,
bevor wir zu Opfern
ihrer Zerstörung werden.

Und Jesus stand auf und bedrohte den Wind und sprach zu dem Meer: Schweig und verstumme! Und der Wind legte sich, und es entstand eine große Stille. Und er sprach zu ihnen: Was seid ihr so furchtsam? Habt ihr noch keinen Glauben? Markus 4, 39 f.

Manchmal fürchten wir,
verschlungen zu werden
von den Wogen des Lebens,
fürchten,
hinabgerissen zu werden
in die Tiefen
unserer Angst und Verzweiflung.

Doch dann erfahren wir,
daß du, Gott, der Herr bist,
der allen Wogen und Winden des Lebens gebietet.

Deine Liebe
zieht uns empor
zu dir;
deine Liebe
stellt uns
auf festen Grund;
deine Liebe
gibt uns Mut,
standzuhalten in Bedrängnis.

In der Welt habt ihr Angst; aber seid getrost, ich habe die Welt überwunden.
Johannes 16, 33

Wie ein Sandkorn
vom eisigen Wind getrieben,
hilflos, ausgeliefert,
so fühle ich mich, Herr,
in jenen Stunden,
da die Angst
mich lähmt.

Doch auf dich
hoffe ich, Herr,
daß ich nicht verlorengehe,
daß ich nicht zerrieben werde,
sondern gehalten bin
von dir.

Wenn mir gleich Leib und Seele verschmachtet, so bist du doch, Gott, allezeit meines Herzens Trost und mein Teil. **Psalm 73, 26**

Unter deinen Schlägen
schrie meine Seele zu dir, Herr:
Wende dein Antlitz
nicht von mir.

Vertrauen will ich
auf dich, Herr,
denn die Hand,
die mich beugt,
ist deine Hand,
in der ich mich berge.

Leben wir, so leben wir dem Herrn; sterben wir, so sterben wir dem Herrn. Darum: wir leben oder sterben, so sind wir des Herrn.

Römerbrief 14, 8

Kälte umschließt
mein Herz,
abgestorben scheint
alles Glück.
Längst vergangen die Zeit,
da ich noch alles
vor mir wähnte.

Doch ich will nicht erstarren
in Verbitterung,
denn du, mein Herr und Gott,
wirst mit mir gehen –
auch über die Grenze des Lebens hinaus.

Ich bin gewiß, daß uns nichts scheiden kann von der Liebe Gottes, die in Christus Jesus ist, unserem Herrn. **Römerbrief 8, 38 f.**

Sanft
laß das Schiff meines Lebens
in den Hafen gleiten,
wo nichts mehr
mich trennen kann
von der Gemeinschaft
mit dir.
Darum bitte ich dich,
mein Vater.

Inhalt

Bildnachweis:

Heydinger, Stuart, S. 15, 21
Kolde, Hans, S. 29, 33, 35, 37
Lapann, Otto, S. 11
Müller, Albert, S. 31, 47
Quedens, Georg, S. 5, 17, 25, 27, 45, Titel
Schneider, Horst, S. 7, 13
Tepe, Paul-Anton, S. 19, 43
Trobitzsch, Jörg, S. 41
Wilke, Siegfried, S. 9, 23
Wernicke, Klaus, S. 39, entnommen aus dem Buch „Sturmflut“ von Helmtraut Hendinger und Peter Pedersen, Ellert & Richter Verlag, Hamburg, 1984